DE LA

JUSTICE CIVILE

POUR LES INDIGENTS.

VERSAILLES,

IMPRIMERIE DE MONTALANT-BOUGLEUX,

AVENUE DE SCEAUX, 4.

1849

DE LA
JUSTICE CIVILE
POUR LES INDIGENTS.

Si quelques personnes soutiennent à bon droit que ce n'est pas de 1848 seulement que datent les idées généreuses, il serait bien à désirer que celles qui veulent persuader le contraire, pussent répondre qu'au moins, depuis cette époque, ces idées sont entrées dans le domaine des faits.

Parmi ces idées généreuses et pratiques, il en est une qui doit se placer au premier rang, c'est celle par qui devront être abaissés les obstacles qui séparent certains justiciables de la justice du pays ; celle enfin que l'on peut résumer dans ces mots : *La justice civile mise à la portée des indigents.*

Et cependant que d'efforts n'a-t-il pas fallu et ne faudra-t-il pas encore pour rendre applicable une théorie qui se trouve écrite en tête de toutes les constitutions : *l'égalité devant la justice !*

A une époque où nous assistons parfois à des débats si irritants de nos législateurs, et si peu profitables, en résumé, au bonheur public, il n'a pas paru dénué d'intérêt de suivre les progrès silencieux et lents d'une pensée utile, que personne n'a le droit de revendiquer comme sienne, parce qu'elle était dans tous les cœurs, mais que tous, ou presque tous, se contentaient de caresser comme une belle utopie digne seulement de temps meilleurs.

Le 31 octobre 1843, M. le ministre de la Justice recevait une lettre textuellement ainsi conçue :

Monsieur le Ministre,

Une amélioration dans l'administration de la Justice est toujours digne de votre attention.

La Justice civile réellement accessible à tous en la mettant à la portée des indigents, est, dans l'ordre moral, l'un des premiers besoins à satisfaire, la dette la plus sacrée de la société vis-à-vis de l'humanité.

Si quelques esprits peuvent penser encore qu'il faut laisser cette amélioration au nombre des utopies, au-devant desquelles s'élancent toujours les cœurs généreux avec plus de philanthropie que de raison, personne, je pense, ne croira que la question soulevée ne doive pas être mise à l'étude, et devenir l'objet des méditations de tous les hommes sérieux.

Seize années consacrées à l'étude du droit, dont trois comme avocat et dix comme avoué plaidant, peuvent peut-être excuser la hardiesse qui me fait prendre la plume à l'occasion d'une question aussi grave et aussi difficile. Permettez-moi donc, Monsieur le Ministre, de vous soumettre quelques idées dont le seul mérite consistera probablement dans le sentiment qui les aura fait naître.

Si l'on veut tenir compte de l'opinion publique sur la question dont il s'agit, on la trouve, je ne crains pas de le dire, très favorablement et très chaleureusement impressionnée ; et ce qui peut, jusqu'à un certain point, ajouter à la valeur de ce sentiment, c'est sa spontanéité et son unanimité. Il existait évidemment au fond des cœurs, et semblait n'attendre qu'une occasion pour se faire jour ; aussi, peu importe le reproche mal fondé de *frivo-lité* adressé à l'œuvre littéraire à laquelle on en doit l'expression.

Cette disposition générale des esprits semble donc un appel fait au législateur ou à l'autorité royale ; et si la mesure est à la fois utile et possible, l'un ou l'autre y répondra.

Sur l'*utilité*, il ne saurait y avoir de contradiction.

En effet, les premiers mots de notre Charte constitutionnelle consacrent ce principe de l'égalité de tous les Français devant la loi.

C'est sans doute une vérité *au criminel ;* mais *au civil* pourrait-on sérieusement le soutenir ? La Justice est bien gratuite en ce sens que c'est par l'Etat et non par les plaideurs que les magistrats sont payés ; mais nos lois, dans l'intérêt bien entendu des plaideurs, et pour rompre toute inégalité de forces intellectuelles entre eux, exigent l'emploi d'intermédiaires avoués, dont les frais et salaires demeurent à la charge des plaideurs. Or, lorsque le pauvre éprouve le besoin de recourir aux Tribunaux, il est souvent arrêté par cette barrière infranchissable pour lui, le défaut d'argent. Le pauvre n'est donc pas l'égal du riche devant le salaire à payer, rigoureusement même à avancer, aux officiers ministériels, lorsqu'il faut plaider au civil.

A cela l'on répond que si l'état actuel de la législation laisse bien quelque chose à désirer sur ce point, il est loin d'être aussi incomplet qu'on veut bien le dire ; qu'en effet l'art. 24 du décret du 14 décembre 1810 dispose : « Le conseil de discipline pour-« voira à la défense des indigents par l'établissement d'un bureau « de consultation gratuite qui se tiendra une fois par semaine. « Les causes que ce bureau trouvera justes seront par lui ren-« voyées, avec son avis, au conseil de discipline, qui les distri-« buera aux avocats par tour de rôle ; »

Que l'art. 2, § 5, de l'Arrêté du 13 frimaire an IX, porte qu'au nombre des attributions des chambres d'avoués, figure celle qui consiste à : « former dans son sein un bureau de consultation gra-« tuite pour les citoyens indigents, dont la chambre distribue les « affaires aux divers avoués pour les suivre, quand il y a lieu. »

Telles sont, je crois, les seules dispositions légalement applicables à la question. Or, en les supposant toujours en vigueur, ce qui n'a lieu que dans quelques grands centres de population, qu'en résulte-t-il?

Trois choses : la première, que les indigents peuvent trouver gratuitement *un avis* sur le bien ou le mal fondé de leurs prétentions, examinées, on ne saurait se le dissimuler, sous l'influence de cette pensée qui perce dans le décret de 1810 : « Voulons que « le bureau apporte la plus grande attention à ces consultations, « afin qu'elles ne servent point à *vexer des tiers qui ne pour-* « *raient, par la suite, être remboursés des frais de l'in-* « *stance* »;

La seconde, qu'il faut que leur procès soit, pour ainsi dire, imperdable pour qu'on leur conseille de le suivre;

Et la troisième, que l'impossibilité de suivre reste ensuite la même; car ils sont toujours en présence d'une question d'argent.

Je sais bien que l'objection ne vient pas de l'avocat; car tous les tableaux d'ordre portent la mention que les avocats *consultent et plaident gratuitement* pour les indigents; mais il ne saurait en être ainsi de l'*avoué*.

Ce n'est pas que le même désintéressement ne l'anime, mais les positions ne sont pas égales. L'avocat, en plaidant gratuitement, fait l'aumône de son temps et de son travail; l'avoué, en suivant la procédure gratuitement, ferait l'aumône aussi de son temps et de son travail, et de plus, sortirait de sa bourse des sommes d'argent parfois considérables.

Car à moins d'obtenir de l'Etat lui-même la délivrance gratuite du papier timbré et la remise des droits d'enregistrement et de greffe; de l'huissier, du greffier et du conservateur des hypothè-ques, l'abandon de leurs salaires, il est impossible à l'avoué de ne pas faire l'avance de tous ces déboursés, dont la rentrée pour lui dépendrait de cette double condition, *gain du procès et solvabilité de la partie adverse;* le tout sans parler des chan-ces d'appel et autres.

Et lors même que tous les intéressés ci-dessus s'entendraient par une sorte d'accord tacite, pour ne pas exiger, chacun le salaire à lui dû, il faut le reconnaître, l'organisation manquerait à ce généreux mouvement, et l'abus en viendrait bientôt, comme une plante parasite, étouffer et détruire les plus heureux fruits.

L'état de choses actuel est donc insuffisant, et l'*utilité*, je devrais dire la nécessité, de la mesure proposée semble donc démontrée.

Reste la question de *possibilité* ou d'exécution.

De l'examen de la situation actuelle, la première difficulté qui surgit est une question financière.

En effet, si l'on veut organiser la distribution gratuite de la justice aux indigents, sur des bases solides, il faut que dans les affaires auxquelles ce bienfait sera reconnu applicable, le Trésor public fasse l'avance des droits et déboursés dus à chaque officier ministériel, soit d'après les tarifs existants, soit d'après des tarifs nouveaux dont les chiffres inférieurs à ceux ordinaires feraient participer lesdits officiers ministériels à une bonne œuvre.

Dans ce cas, tous les actes de la procédure seraient visés pour timbre et enregistrés gratis ; et il est inutile de dire que les avocats plaideraient gratuitement.

Mais pour apprécier la partie de cette question financière, il faut sur-tout répondre à la seconde difficulté que soulève le projet, celle du *nombre* des affaires de cette nature.

Au premier abord, il semblerait que dès qu'il sera possible de plaider gratuitement, les procès de ce genre vont fondre de tous côtés, entraver le cours ordinaire de la justice et ruiner le Trésor public. Si de pareilles exagérations pouvaient avoir seulement quelque chose de fondé, elles seraient alors la preuve que le mal, auquel il s'agit de remédier, est bien grave, puisque tant d'intérêts sont en souffrance, tant de citoyens sont privés de la justice.

Mais il n'en est rien, d'abord parce qu'il ne faut pas oublier que la mesure ne doit s'appliquer qu'aux véritables *indigents*, et que la première chose que fera l'ordonnance royale ou la loi, sera de déterminer les moyens de constater la position sociale à laquelle sera dû ce sacrifice des intérêts du fisc.

Qu'ensuite les droits et intérêts des indigents sont nécessairement fort restreints et en rapport avec leur situation pécuniaire, à l'exception de quelques personnes, qui, ruinées par une catastrophe, puiseront dans les liens nouvellement rompus de leur précédente position, quelques droits à faire valoir (auquel cas, il est heureux que la justice ne leur fasse pas défaut), généralement les causes de *procès*, ou pour mieux dire, de *procédures*, se puiseront pour les indigents dans les divers titres du livre *premier* du Code civil relatif *aux personnes*. Par exemple, les rectifications d'actes de l'Etat civil, les oppositions à mariages et demandes en nullités y relatives, les autorisations de femmes mariées, les séparations de biens, les bénéfices de cession, les séparations de corps, les désaveux de paternité, les recherches de maternité pour les enfants naturels ; enfin les interdictions et les demandes en nullité d'emprisonnement. Et combien parmi ces différents titres, en est-il qui fourniront bien peu d'affaires !

Quant au livre *second* relatif *aux biens*, le mot *indigent* suffit pour indiquer que ce n'est pas de lui que naîtront les procès dont il s'agit.

Le livre troisième, relatif à la manière d'acquérir la propriété, renferme à peine deux ou trois titres d'où puissent sortir de semblables affaires ; quelques droits successifs inespérés à faire valoir, quelques actions nées d'un *quasi-délit* à exercer, ou quelques difficultés à la suite de louage d'ouvrage ou d'industrie, avec ou sans priviléges ; telles sont les seules formes probables des procès gratuits, je me trompe, des procès pour la poursuite desquels le Trésor public fera à l'indigent une avance de fonds, dans laquelle il devra rentrer une fois au moins sur deux.

Je m'explique, après la première garantie que les intérêts du Trésor réclament dans la vérification du titre d'*indigent*, la seconde doit se trouver dans le bien fondé, au moins apparent de l'action à intenter. L'examen préalable auquel devra se livrer le *Bureau de consultation*, présente donc à peu près les mêmes garanties de bien fondé que celles tirées d'un premier degré de juridiction. Or, en matière d'appel, on trouve généralement deux confirmations contre une infirmation. De sorte que s'il ne devait jamais s'agir que d'actions à intenter contre des adversaires solvables, le Trésor public rentrerait deux fois sur trois dans les avances par lui faites; mais comme il faut tenir compte des insolvabilités, et en outre de certaines procédures qui n'ont pas lieu contradictoirement, en réduisant à un sur deux les cas probables de remboursement pour le Trésor, on doit rester dans le vrai.

Le sacrifice demandé au Trésor sera dès-lors peu important; fût-il énorme, on ne saurait jamais payer trop cher la satisfaction de ce qui a toujours été considéré, avec raison, comme le premier besoin des peuples.

Si cette trop légère esquisse devait, contre mon attente, avoir l'honneur de fixer votre attention, je m'estimerais heureux, M. le Ministre, d'avoir contribué pour si peu à une pareille œuvre; et ma récompense la plus donce, après la satisfaction que j'épouverais à voir adopter la mesure, serait d'être admis à vous présenter quelques moyens pratiques à l'appui.

Je suis avec respect, etc.

Cette lettre fut suivie d'une réponse du ministre ainsi conçue :

Paris, le 23 novembre 1843.

J'ai reçu, Monsieur, le Mémoire que vous avez adressé, le 31 octobre dernier, sur les moyens de rendre gratuitement la justice aux indigents.

Je vous remercie de cette communication.

Recevez, Monsieur, l'assurance de ma considération.

Le Garde des Sceaux,
Ministre de la Justice et des Cultes,
Par Autorisation :
Le Maître des Requêtes,
Directeur des Affaires civiles et du sceau,
GARNIER DU BOURGNEUF.

A Monsieur C. R., à Versailles.

Par une singulière coïncidence, un mois après, jour pour

jour, le 23 décembre 1843, l'administration de l'enregistrement faisait faire un pas à la question, en adressant à ses préposés *comme règle,* l'instruction suivante :

L'art. 75 de la loi du 25 mars 1817 contient ce qui suit :
« Seront visés pour timbre, et enregistrés gratis, les actes de pro-
« cédure et les jugements à la requête du ministère public, ayant
« pour objet de réparer les omissions et de faire les rectifications,
« sur les registres de l'Etat civil, d'actes qui intéressent les indi-
« vidus notoirement indigents. »
— D'un autre côté, l'art. 77 de la loi du 15 mai 1818 a autorisé l'enregistrement gratuit : 1.° des lettres patentes de dispense d'âge pour mariage délivrées aux personnes reconnues indigentes ; 2.° des actes de reconnaissance d'enfants naturels appartenant à des individus notoirement indigents.

« Par application de ces dispositions, et d'après les considérations d'humanité et de moralité publique qui les ont déterminées, M. le Ministre des finances, de concert avec M. le Ministre de la justice, a décidé, les 11 novembre 1824, 4 octobre 1839, 24 février 1840 et 23 août 1841, que les actes ci-dessous désignés, lorsqu'ils concernent des individus qui justifient par un certificat du maire de leur commune, légalisé par le sous-préfet, qu'ils sont dans l'indigence, doivent être visés pour timbre et enregistrés gratis, savoir :

« 1.° L'acte de notoriété, rédigé dans la forme prescrite par les art. 70 et 71, Code civil, pour remplacer l'acte de naissance de chacun des futurs époux ;

2.° Le jugement d'homologation de cet acte de notoriété exigé par l'art. 72 Code civil, ainsi que les actes de procédure auxquels le jugement peut donner lieu, à la requête du ministère public.

2.° L'acte de notoriété prescrit par l'art. 155 du même Code, dans le cas d'absence des pères et mères des futurs époux ;

4.° La délibération du conseil de famille portant consentement au mariage des fils et des filles mineurs de vingt et un ans, conformément à l'art. 160 Code civil.

Puis tout fut dit !

Au mois d'août 1845, le *Moniteur algérien* publiait un arrêté du gouverneur-général de l'Algérie, qui instituait à Alger un avocat des pauvres, chargé spécialement de plaider les procès des Arabes indigents.

Un peu plus tard, au mois de novembre suivant, à l'audience de rentrée du Tribunal civil de Troyes, un magistrat distingué, M. Dubeux, alors substitut du Procureur du Roi à Troyes (depuis à Versailles, et maintenant à la tête du parquet de Nantes), qui avait étudié, dans la législation sarde, l'institution de l'*avocat des pauvres*, prit pour texte de son discours l'appréciation de cette institution.

Après avoir rappelé qu'en France les pauvres trouvent toujours au barreau des avocats disposés à leur prêter gratuitement leur ministère, que les avoués ne se refusent jamais à faire les actes de la procédure sans demander aucun émolument, il avait fait observer que ce bienfait ne pouvait pas être complet, parce que le fisc ne faisait pas abandon de ses droits ; et à cette occasion il était entré dans d'intéressants détails sur la législation de la Sardaigne.

La *Gazette des Tribunaux* avait reproduit son discours, et l'idée faisait son chemin.

Bientôt parut la loi du 3 juillet 1846 (le budget de 1847), portant fixation des recettes pour l'exercice 1847, dont l'article 8 est ainsi conçu :

A partir du 1.er janvier 1847, les extraits des registres de l'état civil, les actes notariés de consentement de publication, les délibérations de conseils de famille, les actes de procédure, les jugements et arrêts dont la production sera nécessaire pour la célébration du mariage des personnes indigentes, et pour la légitimation de leurs enfants, seront visés pour timbre et enregistrés gratis, lorsqu'il y aura lieu à l'enregistrement.

Il ne sera perçu aucun droit de greffe au profit du trésor sur les copies et expéditions qui en seraient passibles.

L'indigence sera constatée, selon les formes déterminées, avant le 1.er janvier 1847, par une ordonnance rendue dans la forme des réglements d'administration publique. Les actes, extraits, copies ou expéditions ainsi délivrés, ne pourront servir que pour les causes ci-dessus indiquées, sous les peines prévues par les lois en vigueur.

Pour l'exécution de ces dispositions, le 3 décembre suivant, une ordonnance intervint, portant :

Art. 1.er. Seront admises au bénéfice de l'article 8 de la loi du 3 juillet 1846, les personnes qui justifieront, 1.° d'un extrait du rôle des contributions, constatant qu'elles paient moins de 10 fr. ou d'un certificat du percepteur de leur commune. portant qu'elles ne sont point imposées ; 2.° d'un certificat d'indigence à elle délivré par le commissaire de police ou par le maire dans les communes où il n'existe pas de commissaire de police ; le certificat sera visé et approuvé par le sous-préfet.

Art. 2. Les extraits, copies ou expéditions qui seront délivrés en vertu de l'art. 8 de la loi du 3 juillet 1846, mentionneront expressément qu'ils sont destinés à servir à la célébration d'un mariage entre personnes indigentes ou à la légitimation de leurs enfants.

Art. 3. Les extraits et certificats prescrits par l'art. 1.er seront délivrés par plusieurs originaux lorsqu'ils devront être produits à divers bureaux de l'enregistrement ; ils seront remis au bureau de l'enregistrement, où les actes, extraits, copies ou expéditions devront être visés pour timbre et enregistrés gratis. Le receveur en fera mention dans le visa pour timbre et dans la relation de l'enregistrement.

La *Gazette des Tribunaux*, récapitulant, à cette occasion, les concessions faites jusque-là par le fisc aux indigents, citait :

La loi du 13 brumaire an VII, sur les certificats d'indigence. (Art. 16, n.º 1.)

Une décision du Ministre des Finances du 31 décembre 1827, relative aux certificats de vie des pensionnaires indigents de l'Etat.

La loi du 18 mai 1818 (art. 77), pour les lettres patentes portant dispense d'âge, en cas de mariage, et les reconnaissances d'enfants naturels.

Enfin la loi du 14 brumaire an V (art. 2), pour les dispenses de consigation d'amende en matière de pourvois en cassation.

Et ajoutait : la loi de 1846 a donc comblé une lacune importante.

Il en restait une bien plus large encore à combler; l'année 1847 s'écoula sans qu'il en fût question.

Lorsque survint la révolution de 1848 et l'établissement du régime républicain, l'auteur de la lettre du 31 octobre 1843 crut le moment opportun de reproduire ses idées ; en conséquence, il écrivit au ministre de la justice, à la date du 12 mai 1848.

Sa lettre ne reçut pas même de réponse ! L'année 1849 amena de nouveaux hommes au pouvoir, et la *Gazette des Trinaux* du 17 juin publia un rapport de M. le Ministre de la Justice à M. le Président de la République, dont la première phrase est ainsi conçue :

« La justice en France est essentiellement gratuite,
« parce qu'elle est une dette de l'Etat : et cependant elle
« est environnée de formalités onéreuses qui la rendent
« *inaccessible aux citoyens indigents.* Il m'a paru que
« sous notre Constitution démocratique, une anomalie
« aussi grave devait cesser de subsister, etc. »

Ce rapport était suivi de la nomination d'une Commission composée d'hommes éminents, et chargée d'étudier la question.

L'année 1849 était près de finir, la Commission n'avait pas encore donné de publicité à son travail : des magistrats avaient, à plusieurs reprises, encouragé l'auteur de la lettre de 1843 à persévérer dans ses idées, à les développer, et sur-tout à prendre l'initiative d'une mesure qui prouvât la possibilité d'une prompte réalisation : c'est alors seulement qu'il crut devoir agir.

Le 16 novembre, une assemblée générale de la Compagnie des avoués près le tribunal de Versailles, prenait, sur le rapport fait à l'assemblée par le Président de la Chambre de discipline, la délibération suivante.

Considérant que jusqu'à ce que des dispositions législatives aient déterminé : 1.° quelles personnes peuvent et doivent être qualifiées *indigentes* ; 2.° quelles justifications elles auront à faire, soit pour leur qualification, soit pour l'objet de leur demande au fond ; 3.° devant quelles autorités et dans quelles formes ces justifications seront présentées et appréciées ; 4.° quels officiers ministériels seront chargés de défendre leurs intérêts, et à quelles conditions ; en un mot, jusqu'à ce que la *justice gratuite pour les indigents* ait été légalement organisée, il importe de fixer *transitoirement* un mode de procéder qui puisse servir de règle de conduite à la Compagnie des Avoués près le Tribunal de Versailles ;

Considérant, dans le passé, qu'il résulte d'une délibération de la Chambre de discipline, en date du 15 novembre 1821, qu'à la diligence de son syndic, un avis avait été inséré dans le Journal du département pour annoncer que les consultations *gratuites* que la Chambre était dans l'usage de donner aux personnes hors d'état de payer, auraient lieu le premier jeudi de chaque mois, de deux à trois heures, dans le local de la Chambre.

Qu'indépendamment de cette trace écrite d'un précédent sur

ce sujet, les registres de comptabilité de la Chambre constatent le remboursement assez fréquent par son trésorier aux différents avoués commis d'office, des déboursés de procédures entièrement suivies pour des indigents aux frais de la Compagnie ;

Que cependant il n'existe aucune règle fixe ni même aucun usage certain qui puisse régir cette matière, et que les deux limites de cette situation semblent avoir été, d'une part, la discrétion des magistrats qui adressaient des indigents à la Chambre, et de l'autre les ressources financières de la Compagnie.

Considérant, dans le présent, que les demandes d'indigents augmentent, et que si par le défaut de concours gratuit des autres corporations d'officiers ministériels, les avoués se trouvaient avoir seuls à supporter les déboursés de ces sortes de procédures, ils seraient dans la nécessité de repousser la situation à eux faite ;

Que si les avoués ont toujours offert et offrent encore le concours gratuit de leur temps et de leur travail pour l'examen et l'instruction des affaires intéressant *les véritables indigents,* un semblable concours gratuit de la part des huissiers, greffiers, conservateurs des hypothèques, avocats et notaires, est également nécessaire pour qu'il ne reste plus de déboursés à faire que vis-à-vis de l'Etat, à raison du timbre et de l'enregistrement ;

Qu'il n'est pas possible d'admettre que le Gouvernement ne prenne pas immédiatement des mesures administratives, en attendant celles législatives, pour étendre aux procédures suivies pour les indigents les visas pour timbre et enregistrement en débet déjà appliqués en plusieurs circonstances, notamment en matière d'expropriation pour cause d'utilité publique, et en matière de sociétés de bienfaisance ; mais qu'enfin, jusqu'à la mise à exécution desdites mesures, il faut bien que chacun contribue dans la mesure du possible et pour ce qui le concerne plus spécialement ;

DÉCIDE :

Premièrement, que toutes les affaires concernant des indigents, et **qui seraient** adressées à la Chambre de discipline par l'intermédiaire de M. le Président du Tribunal civil de Versailles, ou de M. le Procureur de la République près ledit Tribunal, seront examinées par un membre de la Chambre, qui en fera rapport à la prochaine séance;

Deuxièmement, que si la qualification d'indigent ou la nature et les circonstances particulières de l'affaire donnent lieu à quelques observations, la Chambre, par l'organe de son président ou de son syndic, les transmettra de suite au magistrat qui lui aura adressé les pièces; sinon, et dans le cas où l'affaire ne donnerait lieu à aucune observation, la chambre commettra, à tour de rôle d'inscription, sur un registre disposé à cet effet, l'un des membres de la compagnie pour suivre, soit en demandant, soit en défendant, sur l'objet de ladite affaire;

Troisièmement, que l'avoué ainsi désigné devra, selon les besoins de l'affaire, demander au président de la Chambre de solliciter, soit de la Chambre des huissiers, soit de l'ordre des avocats, la désignation d'un de ses membres pour concourir avec lui à l'instruction de l'affaire;

Quatrièmement, que l'affaire une fois terminée, et après un rapport spécialement fait à la Chambre, duquel il résulterait que le recouvrement des déboursés de timbre et d'enregistrement applicables aux actes d'avoué à avoué, et aux requêtes présentées par les avoués, est désespéré, l'avoué chargé sera autorisé à se faire rembourser par le trésorier de la Chambre lesdits déboursés de timbre et d'enregistrement;

Cinquièmement, qu'expédition de la présente délibération sera transmise au nom de la Compagnie et par le président de la Chambre :

1.° A M. le Président du Tribunal civil de Versailles, et à M. le Procureur de la République près le même Tribunal;

2.° A M. le bâtonnier de l'ordre des avocats;

3.° A M. le Président de la Chambre des notaires ;

4.° A M. le syndic de la Chambre des huissiers;

5.° Et à M. le greffier en chef du Tribunal de Versailles, avec invitation aux personnes désignées sous les n.ºs 2, 3, 4 et 5, de vouloir bien faire savoir à la Compagnie des avoués si, connaissance prise de la délibération qui précède, elles en ont pris ou fait prendre une semblable, chacune pour ce qui la concerne, notamment en vue des droits de timbre et d'enregistrement;

Sixièmement, qu'après la réunion des diverses réponses, ou délibérations prises en réponse à cette communication, il en sera référé à l'Assemblée générale de la Compagnie des Avoués, laquelle arrêtera définitivement, on modifiera, s'il y a lieu, les mesures qui précèdent, et fixera l'époque de leur mise à exécution.

Ces dispositions qui n'ont peut-être d'autre mérite que celui de l'initiative et de la spontanéité, sont évidemment *transitoires* et ne sauraient se soutenir long-temps si l'Etat ne venait pas contribuer à l'œuvre par la remise des droits de greffe, de timbre et d'enregistrement.

Ce refus de concours est impossible, mais il peut être plus ou moins prochainement obtenu.

Dans cette situation, pourquoi ne franchirait-on pas le dernier obstacle? une loi est nécessaire, il faut en présenter le projet !

Mais un texte de loi doit être clair et concis; il est donc indispensable d'entrer dans quelques explications préalables, qui portent ordinairement le nom « d'*Exposé des* « *motifs.* »

Les voici :

EXPOSÉ DES MOTIFS.

Il fallait, tout d'abord, choisir entre deux systèmes: le premier, que l'on peut appeler, en matière de législation européenne, le système *sarde*, et qui se formule par ces mots : *Institution d'un avocat des pauvres ;*

Le second, qui portera peut-être un jour le nom de système *français*, et qui met *gratuitement* et *indis-*

tinctement tous les officiers ministériels et tous les droits fiscaux à la disposition des indigents.

M. Odilon Barrot, lors Ministre de la Justice, avait dans son rapport à M. le Président de la République sur la justice gratuite pour les indigents, donné, sans prendre toutefois parti, les raisons de se décider en faveur du second.

« Le premier de ces deux systèmes, disait-il, est une
« institution nouvelle qui ne trouve dans nos Codes qu'une
« faible analogie dans les dispositions relatives à la dé-
« fense des mineurs et des femmes mariées. L'autre n'est,
« au contraire, que le développement d'un principe qui
« se trouve en germe dans notre législation. Ce qu'elle a
« fait déjà pour les accusés de crimes pourrait, sans aucun
« doute, être étendu aux prévenus de délits et à toutes
« les parties en matière civile. Ce qu'elle a fait pour faci-
« liter les pourvois et les actes de mariage des indigents,
« elle le pourrait faire encore pour les mettre à même de
« défendre leurs procès. »

Le second système a donc été préféré.

Pour son développement, l'ordre suivant a paru le plus logique :

1.° Indiquer le but de la loi, les personnes auxquelles elle doit s'appliquer, et les moyens de justifier qu'elles sont dans les conditions prescrites.

C'est l'objet du titre I.ᵉʳ.

2.° Organiser l'examen tant de ces conditions que du bien fondé apparent de la demande, au point de vue du triple intérêt : des indigents, du trésor public, et des officiers ministériels.

C'est l'objet du titre II.ᵉ.

3.° Concilier la gratuité des droits fiscaux avec les garanties matériellement nécessaires contre la fraude ou l'abus.

C'est l'objet du titre III.ᵉ.

4.º Enfin, déterminer la gratuité des droits et émoluments des officiers ministériels et autres intéressés.

C'est l'objet du titre IV.ᵉ et dernier.

SUR LE TITRE PREMIER :

Les articles 1 et 2, destinés à faire connaître le but que se propose la loi, et les personnes auxquelles elle s'applique, ont dû être conçus en termes très généraux.

Bien qu'aux yeux des gens du monde cette loi paraisse destinée à conserver un caractère spécial d'applicabilité aux seuls *indigents,* cette expression n'a pas dû être employée une seule fois, car elle ne rendrait pas bien la pensée du législateur.

En effet, à quel besoin social la loi est-elle destinée à satisfaire ? Il faut que toute personne qui, à un jour donné, se trouverait dans l'impossibilité, faute d'argent, de poursuivre en justice une action fondée, puisse trouver les moyens de le faire gratuitement.

Or, il n'est pas impossible de fonder sur cette donnée plusieurs hypothèses, bien qu'elles doivent être fort rares, qui puissent s'appliquer à d'autres personnes qu'à celles appelées ordinairement du nom d'*indigents.*

Quant à l'expression *toute personne* de l'article 2, elle a paru plus exacte que celle de *citoyen,* la loi devant l'appliquer souvent à des veuves et à des mineurs.

Les articles 3 et 4 sont destinés à assurer la première garantie que devait exiger la loi : celle que la personne qui en réclamera le bénéfice est bien dans l'impossibilité de s'en passer, sous peine de voir perdre son droit.

⁎⁎

La loi sarde est d'une grande sévérité dans la faculté accordée aux *iudigents d'user* (pour se servir ici de son expression) *du bénéfice des pauvres.* L'indigent est tenu de s'adresser d'abord au procureur des pauvres ; c'est à lui qu'il soumet ses premières explications ; c'est à lui qu'il remet également *le certificat d'indigence,* sans lequel tout examen serait refusé à sa demande. Ce certificat, délivré par le syndic de la commune, sur l'attestation par serment de deux citoyens notables, est l'objet d'une sérieuse attention.

Le certificat d'indigence n'a pas paru ici un moyen d'appréciation suffisant : ou il serait délivré avec une grande rigueur, et ce serait peut-être trop exiger, ou il serait délivré avec une grande facilité, et ce ne serait alors pas assez exiger.

Il semble plus rationnel de le remplacer par un certificat portant sur des faits matériels qui puissent servir de base à une appréciation vraie de la position. Or, comme ces faits ne peuvent être eux-mêmes connus qu'après un certain séjour dans la commune, la loi a dû demander une résidence d'au moins six mois à l'appui du domicile réel.

Devait-on fixer un chiffre maximum de contribution ?

Il existait à cet égard un précédent dans la loi du 3 juillet 1846, ou plutôt dans l'ordonnance royale du 30 décembre suivant, rendue pour son exécution, qui exige un extrait du rôle des contributions constatant que l'impétrant paye moins de *dix francs.*

Mais, outre que cette circonstance était peu en harmonie avec les principes proclamés en 1848, la présomption tirée du chiffre des contributions a paru peu concluante, et la loi a dû se livrer à d'autres recherches.

Quant à la nature de ces recherches qui pénètrent dans la vie privée, le moyen d'en adoucir la forme était de les confier à l'autorité paternelle du maire de la commune, l'élu de ses concitoyens.

Cependant l'on sait à combien d'obsessions sont en butte les maires des communes ; combien, en matière de certificats sur-tout, il leur est difficile de repousser les demandes qui leur sont adressées.

L'article 5 a eu pour but de renforcer l'autorité du maire par celle du juge-de-paix du canton, auquel le certificat du maire doit être soumis.

Son addition devra être facilement accueillie, lorsqu'on se rappellera les dispositions de l'article 8 de la loi des 16-24 août 1790, titre X, qui voulait que chaque bureau de paix fût en même temps un bureau de *jurisprudence charitable.*

Quant à l'article 6, il n'a été compris sous le titre I.er que parce que, s'agissant de l'intervention du juge-de-paix dans l'article précédent, il fallait terminer de suite tout ce qui se référait à lui, plutôt que d'en faire un titre spécial dans la loi.

Dans les cas peu nombreux et peu importants prévus par cet article, tout se passant entre le juge-de-paix et son greffier, il y aura garantie suffisante et plus de célérité.

SUR LE TITRE DEUXIÈME.

La seconde garantie que la loi devait exiger, est celle résultant du bien fondé, au moins apparent, de la demande.

Il ne saurait être contesté par personne que l'Etat, pour faire remise d'une portion de l'impôt destiné à subvenir aux dépenses publiques, et les officiers ministériels pour faire remise du légitime salaire de leur travail, aient bien le droit de demander que ceux en faveur de qui de pareils sacrifices vont être faits, ne soutiennent que des prétentions fondées.

L'article 24 du décret du 14 décembre 1810 n'imposait au bureau de consultations gratuites que la défense des causes que ce bureau aurait trouvé justes. « Voulons, y « est-il dit, que le bureau apporte la plus grande atten- « tion à ces consultations, afin qu'elles ne servent point *à* « *vexer des tiers, qui ne pourraient par la suite être* « *remboursés des frais de l'instance.* »

Dans la loi sarde, la requête afin d'être admis à plaider est communiquée à l'avocat des pauvres, qui a le soin d'examiner *la validité de la demande,* et de s'entourer de tous les renseignements propres à préparer les éléments d'une décision consciencieuse. Quand l'avocat des pauvres est d'avis de donner suite au procès, il renvoie, avec son avis favorable, la requête au président du tribunal de la résidence de l'indigent. Ce magistrat statue *définitive- ment* et admet le pauvre à user du bénéfice de la loi.

D'ailleurs, il faut reconnaître que le payement des frais d'un procès perdu, cette *peine du plaideur téméraire,* est un frein salutaire qui disparaîtrait dans le cas des pro- cédures gratuites. Or, comme il est d'une justice bien en- tendue et d'une haute morale, de ne pas encourager les procès, et sur-tout les mauvais, il faudra faire subir aux demandes l'épreuve d'un premier examen.

Quels devaient être les juges naturels de cette épreuve ? Les divers intéressés.

Or, la commission de gratuité, qui est une idée nouvelle à certains égards, est composée de manière à les réunir tous.

Le président du tribunal civil représentera plus particulièrement l'intérêt de l'indigent ; le procureur de la République, celui du trésor public ; et les autres membres, celui des différents officiers ministériels au concours desquels il faudra recourir.

Les articles 7, 8 et 9 règlent donc la composition de cette Commission, les jours et lieu de ses séances, et la rédaction de ses procès-verbaux.

On doit remarquer, dans l'article 9, la création d'un rôle spécial qui donnera à chaque affaire admise un numéro matricule destiné à servir de contrôle pour le timbre et l'enregistrement.

Les articles 10, 11, 12, 13 et 14 règlent le mode et la portée des décisions de la Commission.

Les renseignements que doit contenir le certificat du maire, vérifiés par le juge de paix, avec l'avis de ce dernier et les pièces à l'appui, doivent généralement suffire pour permettre à la Commission de prononcer en connaissance de cause.

Il fallait adopter des formules brèves pour l'admission ou le rejet de la demande ; d'abord pour abréger le travail et épargner les instants de la Commission, mais surtout pour qu'on ne pût pas accuser la Commission d'avoir, par les motifs développés en sa décision, pesé sur l'esprit des juges de l'affaire, soit en faveur de l'indigent admis, soit contre lui, s'il parvenait à pouvoir présenter en justice et à ses frais la demande non admise au bénéfice de la gratuité.

Or, les expressions adoptées pour le cas de rejet de la demande ne permettent pas de savoir si le motif du rejet est tiré de la non justification des conditions d'indigence, ou du mal fondé de la prétention.

Par l'appréciation du juge de paix, et ensuite par celle de la Commission, la question d'admission se trouvait avoir subi, en quelque sorte, deux degrés de juridiction. Il fallait donc que cette dernière décision fût souveraine. Il était naturel aussi que le magistrat qui avait participé à cette décision s'abstînt de juger l'affaire à l'audience, sans quoi l'indépendance de son jugement eût été suspectée.

Les articles 15, 16 et 17 traitent du recouvrement des droits et émoluments dont le trésor public et les officiers ministériels n'avaient pas exigé l'avance.

En effet, deux hypothèses possibles se présentaient, et il ne fallait pas les abondonner. La première, c'est celle où, depuis le jour de son admission au bénéfice de la gratuité jusqu'à celui de la conclusion de l'affaire, la position de l'indigent se serait améliorée, notamment par les conséquences mêmes de l'affaire suivie dans son intérêt, au point de pouvoir acquitter les droits. La seconde est celle où les dépens auraient été mis, en tout ou en partie à la charge de l'adversaire solvable.

La loi sarde, à cet égard, dispose ainsi : Si le procès de l'indigent est perdu, les frais avancés pour lui restent au compte du trésor. Les avocats, les procureurs, les huissiers ne reçoivent aucun émolument ; ils ont gratuitement donné leur temps au procès du pauvre. Là se borne la charge qui leur est imposée ; car tous les déboursés, tous es frais ont été faits par le trésor. L'indigent a-t-il gagné son procès ? les frais sont liquidés par les soins du procureur des pauvres. L'avocat, le procureur, l'huissier reçoivent les émoluments fixés par la décision souveraine du président du tribunal chárgé du procès ; les droits d'enregistrement et le coût du papier visé pour timbre sont recouvrés de la même manière sur la partie condamnée.

Or, ici les chiffres ont une importance énorme. La statistique officielle de l'administration de la justice, dans le royaume de Sardaigne, pendant l'année 1842, porte à

3,638 le nombre des procès suivis, dans tout le royaume, au nom des indigents, et à 85 sur 100, celui des procès gagnés.

Les articles 18, 19, 20, 21 et 22 prévoient le cas où l'affaire, après avoir subi le premier degré de la juridiction ordinaire, serait appelée devant le second.

La Commission devait avoir à se prononcer de nouveau, car le jugement intervenu contradictoirement depuis sa première décision, devait être pris en grande considération et pouvait modifier sa manière de voir.

Cependant, si ce jugement était favorable à l'indigent, il n'était pas possible de lui refuser le même bénéfice devant le tribunal d'appel. Mais s'il était défavorable, il fallait apporter plus de circonspection dans l'admission au bénéfice de la loi, et les deux tiers au moins des voix ont été exigés au lieu de la simple majorité.

Il en a été de même, à plus forte raison, pour les voies de recours extraordinaires, telles que la tierce-opposition, la requête civile et le pourvoi en cassation.

SUR LE TITRE TROISIÈME.

Jusqu'ici les dispositions de la loi ont porté sur les garanties intellectuelles ou morales; dans le titre troisième, il s'agit des garanties matérielles.

Les articles 23 et 24 consacrent la concession du timbre gratuit et de l'enregistrement en débet, pour les affaires admises au bénéfice de la loi.

L'article 25, qui traite du papier timbré, renferme une innovation, celle d'un cachet spécial à ajouter au papier timbré ordinaire, au lieu d'un visa pour timbre.

Il y a deux avantages à ce mode de procéder : le pre-

mier consiste à ne pas demander encore un sacrifice aux
officiers ministériels dans la fourniture par eux du papier
à faire viser, ce qui, pour les greffiers, à cause des expéditions, serait une chose onéreuse. Le second, à rendre
bien plus faciles la liquidation et le recouvrement des dépenses, dans le cas prévu par les articles 15, 16 et 17,
puisque les états de frais doivent être faits et taxés comme
dans les matières non gratuites.

L'article 26 est destiné à faire face à une autre dépense,
celle résultant des ports de pièces et de lettres. Il était naturel que ce déboursé fût supporté par le trésor public, et
le moyen d'enveloppes frappées du timbre gratuit permet
d'éluder cette difficulté.

Les articles 27 et 28 permettent de tirer du cachet gratuit une garantie de plus, en y introduisant, ainsi que dans
la mention d'enregistrement en débet, le numéro du rôle
matricule donné à l'affaire.

SUR LE TITRE QUATRIÈME.

Ce titre, qui renferme les articles 29, 30, 31, 32, 33 et
34, pose le principe de la gratuité du concours des officiers ministériels; — répartit entre eux la charge aussi également que possible, et pour rassurer tous les intérêts,
prévoit le cas, bien peu probable, de refus de concours ou
même seulement de négligence, en face duquel la justice
n'est jamais désarmée.

PROJET DE LOI.

TITRE PREMIER.

Du Bénéfice de la Gratuité, et des Admissibles.

ARTICLE PREMIER. — Seront dispensées de faire l'avance ou le payement de tous droits de timbre, d'enregistrement, de greffe et d'hypothèques perçus dans l'intérêt du trésor public, et de tous droits et émoluments alloués par les tarifs existants aux greffiers, huissiers, avoués, avocats, notaires, conservateurs des hypothèques, experts et témoins, les personnes désignées par la présente loi dans les affaires auxquelles elle s'applique.

ART. 2. — Toute personne qui réclamera le bénéfice de la gratuité devra établir qu'elle serait hors d'état, dans la circonstance où elle se trouve, de faire l'avance des droits et déboursés nécessaires.

ART. 3. — A cet effet, elle devra obtenir du maire de son domicile un certificat constatant : 1.° Depuis combien de temps elle habite la commune, et quel y est son genre de travail ; 2.° si elle est inscrite au rôle des contributions, et pour quelle somme ; 3.° quelles sont ses charges de famille ou autres ; 4.° quelle est la nature de l'affaire à l'occasion de laquelle elle réclame le bénéfice de la loi ; 5.° enfin si le maire est d'avis qu'elle soit hors d'état de faire l'avance des droits et déboursés nécessaires.

ART. 4. — Le domicile réel devra être accompagné d'une résidence effective et continue d'au moins six mois.

Si elle n'avait pas six mois de résidence, elle ne pourrait obtenir le certificat ci-dessus que sur la production faite au maire de son domicile actuel d'un semblable certificat à elle délivré par le maire de la commune où elle résidait précédemment; et si elle était sans résidence fixe auparavant, par le maire de son domicile d'origine.

ART. 5. — Le certificat ci-dessus prescrit, avec les pièces à l'appui de la demande, sera soumis au juge de paix du canton dans le ressort duquel se trouvera située la commune dont le maire aura délivré le certificat. Le juge de paix, après avoir pris les informations qu'il croira nécessaires, transmettra le tout avec son avis à la commission de gratuité près le tribunal dans l'arrondissement duduquel les poursuites devront être faites ou la demande portée.

ART. 6. — S'il s'agit uniquement d'un avis de parents ou d'un acte pour lequel le concours du seul greffier de la justice de paix soit nécessaire, le juge de paix statuera en dernier ressort sur l'admission au bénéfice de la gratuité, dans les affaires de son canton, et dans les autres, adressera les pièces à celui de ses collègues que la demande concernera, lequel statuera en dernier ressort, comme il est dit ci-dessus.

Dans les cas spéciaux prévus par le présent article, les dispositions des articles 9, 11, 12, 14, 15, 16 et 17 du titre II seront applicables au juge de paix.

TITRE DEUXIÈME.

Des Commissions de Gratuité, et des Admissions.

ART. 7. — Il sera formé près chaque tribunal de première instance *une Commission de Gratuité* composée du président du tribunal, du procureur de la République, du bâtonnier de l'ordre des avocats, du président de la chambre des avoués, du président de la chambre des notaires, du syndic de la chambre des huissiers, et du greffier en chef du tribunal.

En cas d'absence ou d'empêchement seulement, le président du tribunal devra être remplacé par un juge délégué, le procureur de la République par un substitut, les autres membres de la commission, par un membre spécialement délégué de chacune de leurs chambres de discipline, et le greffier en chef, par un commis-greffier assermenté.

Les causes d'absence ou d'empêchement seront relatées au procès-verbal.

ART. 8. — Cette commission se réunira au moins une fois par mois, et siégera au palais de justice. Elle ne pourra valablement délibérer qu'autant que cinq de ses membres au moins seront présents; et les délibérations seront prises à la majorité des voix : celle du président sera prépondérante en cas de partage.

La Commission sera présidée par l'un des magistrats qui en feront partie, et elle aura pour secrétaire le greffier.

ART. 9. — Toutes les délibérations de la Commission seront inscrites sur un registre spécial, visé et paraphé par le président, à la première séance. Ce registre, appelé *registre des admissions*, servira de rôle officiel aux diverses affaires admises au bénéfice de la gratuité, et leur donnera à chacune un numéro matricule qui servira de contrôle pour le timbre gratuit et l'enregistrement en débet.

Toutes les délibérations seront rédigées et lues, séance tenante, et signées par le président et le secrétaire.

ART. 10. — La Commission délibère sur toutes les demandes dont elle sera saisie, par l'envoi que peut lui en faire chacun des juges de paix des divers cantons de la République.

Dans chaque affaire elle examine successivement, d'abord le droit à l'admission au bénéfice de la gratuité ; ensuite, le bien fondé apparent de la demande.

ART. 11. — Si ces deux questions sont résolues affirmativement par la Commission, elle le constate en ces termes : « *Admis au bénéfice de la gratuité.* »

Si les deux questions sont résolues négativement, ou même seulement une seule des deux, la Commission déclare que : « *La demande n'est pas admise au bénéfice « de la gratuité.* »

Si les renseignements sont insuffisants ou des objections soulevées, la Commission surseoit à statuer et se livre à *un plus ample informé.*

ART. 12. — Dans le cas d'un plus ample informé, la Commission, par l'organe de l'un de ses membres qu'elle désigne comme rapporteur, correspond soit avec le maire, soit avec le juge de paix, soit avec la partie demanderesse ; elle peut même, suivant les circonstances, inviter celle-ci à se rendre dans le sein de la Commission.

Dans le cas de rejet de la demande, les pièces sont retournées au juge de paix qui en avait fait l'envoi, par l'intermédiaire du secrétaire de la Commission, qui lui fait connaître la décision.

Enfin dans le cas où la demande est accueillie, la Commission lui donne un numéro de rôle, et adresse aussitôt toutes les pièces au président de la corporation de celui des officiers ministériels dont le concours sera nécessaire.

ART. 13. — Toute demande qui aura été repoussée par la Commission ne pourra lui être représentée qu'autant que depuis la première décision seront survenus des faits

de nature à modifier gravement la position ; dans ce cas ,
il devra en être fait une mention spéciale dans le nouvel
envoi du juge-de-paix.

Art. 14. — Les décisions de la Commission sont en dernier ressort et sans aucun recours quelconque ; et le président du tribunal ou le juge délégué qui aura participé à
une décision ne pourra plus connaître de la même affaire
comme juge à l'audience où cette affaire serait portée.

Art. 15. — Lorsque l'affaire sera terminée pour l'officier ministériel qui en avait été chargé , le président de la
corporation dont il fait partie adressera le dossier de l'af-
faire.à la Commission , avec l'état des dépens taxés comme
si l'affaire n'eût pas été suivie gratuitement vis-à-vis du
trésor public et vis-à-vis de l'officier ministériel.

Il y joindra les renseignements qu'il aura pu se procurer
soit sur un changement survenu dans la position de la personne qui avait obtenu le bénéfice de la gratuité, et qui lui
permettrait d'effectuer le payement desdits dépens, soit
sur la solvabilité de la partie adverse, selon que les dépens
auraient été mis à la charge de l'une ou de l'autre.

Art. 16. — La Commission désignera l'un de ses membres pour examiner la question du recouvrement des dépens, et statuera sur son rapport.

Si ce recouvrement est reconnu possible, elle transmettra les pièces au président de la corporation de celui des
officiers ministériels dont le concours sera nécessaire pour
l'exécution, et copie de l'état des dépens taxés au directeur
des domaines de l'arrondissement , avec avis des poursuites en recouvrement autorisées, et indication de l'officier
ministériel chargé de la poursuite ; sinon elle adressera le
dossier, y compris l'état des dépens taxés, avec sa délibération, au directeur des domaines de l'arrondissement.

Art. 17. — Dans le cas où les poursuites en recouvrement amèneraient le payement total ou partiel des dépens taxés, il en sera fait rapport spécial à la Commission, qui fixera la portion revenant au trésor public et celle revenant à chaque officier ministériel qui aura instrumenté.

La totalité de la somme revenant à l'Etat sera immédiatement versée dans la caisse du receveur de l'enregistrement qui aura enregistré en débet les actes de l'affaire, et s'il y en a plusieurs, de celui auquel reviendra la majeure partie des droits d'enregistrement en débet, et le versement sera accompagné d'un extrait de la délibération de la Commission qui en aura fixé le chiffre.

ART. 18. — Si l'affaire admise par la Commission au bénéfice de la gratuité est de nature à subir deux degrés de juridiction, elle devra nécessairement revenir devant la Commission, après avoir subi l'épreuve du premier degré.

ART. 19. — Si cette épreuve a été complètement favorable, et qu'il y ait appel de la part de la partie adverse, la Commission devra autoriser à y défendre, et transmettra le dossier au président de la chambre des avoués près le tribunal de second degré; en outre, elle en donnera avis au chef du parquet près ledit tribunal.

ART. 20. — Si l'épreuve du premier degré n'a été qu'en partie favorable, et qu'il y ait ou appel de la partie adverse, ou volonté d'appeler de la part de la personne admise au bénéfice de la gratuité, la Commission statuera comme si l'affaire lui était soumise pour la première fois.

ART. 21. — Il en sera de même au cas où le jugement rendu par le tribunal de premier degré aurait été défavorable à la personne admise au bénéfice de la gratuité; seulement l'appel ne sera autorisé, dans ce cas, qu'autant qu'il aura été approuvé par les deux tiers au moins des membres présents.

ART. 22. — Les dispositions des articles 20 et 21 seront

également applicables aux cas de tierce-opposition, de requête civile et de pourvoi en cassation.

TITRE TROISIÈME.

Des Droits du Trésor public, en débet, et de leur Recouvrement.

Art. 23. — Les certificats et rôles, dont il est question sous les titres I et II de la présente loi, seront dispensés de la formalité du timbre et de l'enregistrement, ainsi que toutes expéditions ou extraits qui en seraient délivrés.

Art. 24. — Dans les affaires admises au bénéfice de la gratuité conformément à la présente loi, les actes judiciaires ou extrà-judiciaires, authentiques ou autres, ainsi que les expéditions et extraits d'iceux, seront faits sur papier timbré gratuitement délivré, et enregistrés en débet. La perception de tous droits de greffe, de toutes remises et de tous droits d'hypothèque, sera également constatée en débet.

Art. 25. — Un réglement d'administration publique déterminera le type d'un cachet spécial dont sera frappé, outre ceux actuellement existants, le papier timbré destiné aux affaires ci-dessus ; il en sera de même des dispositions qui seront concertées entre MM. les Ministres de la Justice et des Finances, et adoptées par l'administration de l'enregistrement et des domaines, pour faire remettre à chaque juge-de-paix et à chaque président de commission de gratuité la quantité de papier timbré, comme il est dit ci-dessus, et d'enveloppes timbrées, comme il est dit ci-après, que les besoins du service lui paraîtront devoir exiger.

Art. 26. — Les correspondances et envois de pièces des juges-de-paix et présidents de commissions de gratuité entre eux, et ceux aux différents officiers ministériels instrumentant, et de ceux-ci entre eux, auront lieu, pour les affaires admises au bénéfice de la gratuité, en franchise des droits de poste. En conséquence, des enveloppes préparées par l'administration du timbre et frappées du cachet ;ratuit, seront remises, avec le papier timbré, aux juges-le-paix et présidents de commission de gratuité par l'administration de l'enregistrement et des domaines.

Art. 27. — Le cachet gratuit sera disposé de façon à ce qu'il puisse y être ajouté à la main, pour chaque affaire, le numéro du rôle matricule que la commission de gratuité lui aura donné, ainsi que le nom du tribunal dont dépendra ladite commission, et il devra toujours le porter.

Art. 28. — Tout receveur d'enregistrement auquel on présentera pour l'enregistrement en débet un acte dressé en exécution de la présente loi, sera tenu de relater dans la mention d'enregistrement le numéro du rôle·matricule de l'affaire à laquelle se référera l'acte à enregistrer, ainsi que le nom du tribunal dont dépendra la commission de gratuité qui aura porté l'affaire à son rôle.

TITRE QUATRIÈME.

Des Droits et Emoluments des divers Officiers ministériels ou autres intéressés.

Art. 29. — Tous greffiers de justices de paix, de Tribunaux de première instance, de Cours d'appel et de la Cour de Cassation, tous huissiers près lesdits tribunaux, tous avoués tant de première instance que d'appel, tous notaires et

conservateurs des hypothèques qui recevront d'une commission de gratuité, soit directement, soit par l'intermédiaire des présidents de leurs compagnies, les pièces d'une
affaire admise au bénéfice de la gratuité, seront tenus de
prêter gratuitement leur ministère pour l'objet de la demande, sous la réserve de répéter les émoluments à eux
alloués par les tarifs, au cas où, conformément à l'article 17
ci-dessus, les dépens pourraient être recouvrés.

ART. 30. — Dans lesdites affaires, tous les avocats consulteront et plaideront gratuitement.

ART. 31. — S'il y avait lieu à expertise dans une de ces
affaires, les vacations des experts seront taxées en débet,
pour être payées au cas de recouvrement prévu par l'article 17. Il en sera de même de la taxe des témoins, qui
sera faite en débet.

ART. 32. — A chaque séance de la commission de gratuité, le greffier en chef du tribunal, le syndic des huissiers, le président de la chambre des avoués et le président
de la chambre des notaires (chacun des trois derniers pour
sa compagnie), recevront en compte du président de la
commission les quantités de papier timbré nécessaires à
l'expédition des affaires gratuites.

Les greffiers de justice de paix les recevront directement
de leurs juges de paix respectifs.

ART. 33. — Il sera, pour l'exécution de la présente loi,
établi, par chaque chambre de discipline, un roulement
ayant pour but de faire commettre à tour de rôle chacun
des membres de la compagnie.

Toutefois, pour la désignation des huissiers et des notaires, l'on devra avoir égard au lieu de la résidence, afin
d'éviter des transports et déplacements.

ART. 34. — En cas de refus de son concours gratuit,

comme en cas de négligence grave, l'officier ministériel inculpé sera, sur l'avis de la chambre de discipline, cité à la requête du ministère public devant la chambre du conseil de son tribunal, qui pourra lui faire application des différentes peines disciplinaires portées par la loi.

Versailles, le 30 novembre 1849.

CH. RAMEAU,

Avoué,
Membre du Conseil Municipal de Versailles,
Président de la Chambre des Avoués pour
l'année judiciaire 1849—1850.

Versailles. — Imp. de *Montalant-Bougleux.*